Möge Gottes Licht dir leuchten

Irische Weihnachtssegen

Gott schenke dir Stille,
damit die frohe Botschaft
Einlass findet in deine Seele.

Gott nehme
dir Sorgen und Angst
und schenke dir neue Hoffnung.

Gott bereite dir den Raum,
den du brauchst und an dem
du so sein kannst, wie du bist.

Gott schenke
dir die Fähigkeit zum Staunen
über das Wunder der Geburt
im Stall von Betlehem.

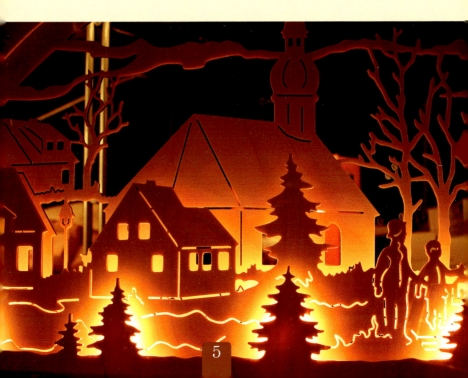

Gott mache heil, was du zerbrochen hast und führe dich zur Versöhnung.

Gott gebe
dir Entschlossenheit, Fantasie und Mut,
damit du auch anderen Weihnachten
bereiten kannst.

Gott bleibe bei dir mit dem
Licht der Heiligen Nacht,
wenn dunkle Tage kommen.

Mögen die Flammen
in deinem Herd
und das Feuer
in deinem Herzen nie verlöschen.

Mögest du dankbar allezeit bewahren
in deinem Herzen
die kostbare Erinnerung an die guten
Dinge in deinem Leben.

Mögest mutig
du stehen in deiner Prüfung,
wenn der Gipfel, den es zu ersteigen gilt,
schier unerreichbar scheint.

Möge jede Gottesgabe in dir wachsen,
dass sie dir helfe,
die Herzen jener froh zu machen,
die du liebst.

Dass du allezeit
   so innig ihm verbunden bist,
wie er es sich für dich ersehnt.

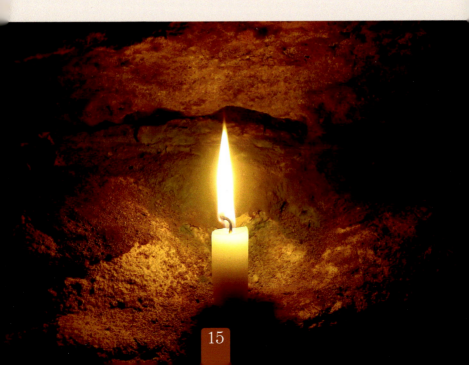

Bibliografische Information der Deutschen Nationalbibliothek
Die Deutsche Nationalbibliothek verzeichnet diese Publikation
in der Deutschen Nationalbibliografie; detaillierte bibliografische
Daten sind im Internet über http://dnb.d-nb.de abrufbar.

Fotonachweis:
U1 © magdal3na/Fotolia.de
U2/S. 1, S. 16/U3 © Leonid Tit/Fotolia.de
S. 2 © LianeM/Fotolia.de
S. 3 © Ellie Nator/Fotolia.de
S. 4 © Steven Jamroofer/Fotolia.de
S. 5 © Benjamin Haas/Shutterstock.de
S. 6 © Klaus-Peter Adler/Fotolia.de
S. 7 © Rob Stark/Shutterstock.de
S. 8 © Jaroslaw Grudzinski/Fotolia.de
S. 9 © Kati Molin/Fotolia.de
S. 11 © linerpics/Shutterstock.de
S. 12 © Friday/Fotolia.de
S. 13 © Zeit4men/Fotolia.de
S. 14 © Anyka/Fotolia.de
S. 15 © derGrafiker.de/Fotolia.de
U4 © magdal3na/Fotolia.de, © cobaltstock/Fotolia.de

Besuchen Sie uns im Internet:
www.st-benno.de

Gern informieren wir Sie unverbindlich und aktuell auch in unserem Newsletter
zum Verlagsprogramm, zu Neuerscheinungen und Aktionen. Einfach anmelden
unter www.st-benno.de

ISBN 978-3-7462-5263-6

© St. Benno Verlag GmbH, Leipzig
Covergestaltung: Ulrike Vetter, Leipzig
Gesamtherstellung: Arnold & Domnick, Leipzig (C)